WORLD GEOGRAPHY

世界の地理

国別大図解 改訂版

アジアの国々①（東・東南アジア）

Gakken

もくじ
WORLD GEOGRAPHY ①

- この本の使い方 …………………………… 3
- 東・東南アジアの国々 …………………… 4
- 東・東南アジアの国々の基本データ …… 38

▲マーライオン（シンガポール）

🌐 国別大図解

- 6 ｜ 日本
- 10 ｜ 中華人民共和国
- 16 ｜ 大韓民国
- 19 ｜ 朝鮮民主主義人民共和国
- 22 ｜ モンゴル
- 23 ｜ ミャンマー
- 24 ｜ ラオス
- 25 ｜ ベトナム
- 26 ｜ タイ
- 28 ｜ カンボジア
- 29 ｜ シンガポール
- 30 ｜ マレーシア
- 34 ｜ インドネシア
- 36 ｜ フィリピン
- 37 ｜ ブルネイ／東ティモール

✅ Check! 世界の国々

- アジアに広がる醤文化 ………………… 20
- 日本人のルーツは？ …………………… 32

この本を読むみなさんへ
筑波大学 教授　井田仁康

　世界の様々な国については、テレビなどでよく紹介され、世界の国に関して多くの情報が私たちに入ってきます。しかし、それらの国の自然や文化といったその国の基礎的なことを知っていると、同じテレビ番組を見ていても、一層関心や興味をもって見ることができ、理解も深まります。もちろん、学校での勉強にも役立ちます。本シリーズは、全世界にわたる国々の自然や文化、産業などをその国の地図を見ながら楽しく学ぶことができます。そして、異なる自然や文化のもとで、平和で豊かな生活を目指すという人間の共通の目標にも気がつくのではないでしょうか。本書では未知の世界を知る楽しみを得たり、国による違いを越えた世界を見わたせるグローバルな視点を身につけたりすることもできます。皆さんの学習に大いに役立ててください。

●表紙の写真（左から順に）：トムヤムクン／タイ，アンコール・ワット／カンボジア，アオザイ／ベトナム，ペトロナス・ツインタワー／マレーシア

この本の使い方

この本では，世界の国々についてデータや地図，写真を豊富に使って紹介しています。自然や産業をはじめ，人々の暮らしや日本とのつながりなど，さまざまな角度から各国について学びましょう。

基本情報
各国の首都，面積，人口などの情報や国旗の由来などが入ります。
※面積：2015年現在　※人口：2018年現在
（2018/19年版「世界国勢図会」など）

特色説明
各国の特色を分野別に紹介しています。どの分野についての内容かはアイコンで示しています。

- 自然　自然の特色
- 文化　文化の特色
- 産業　産業の特色
- 民族　民族の特色
- その他　その他の特色

▶地図アイコンの見方

農産物など

米(稲)	とうもろこし	てんさい	小麦	大麦	ライ麦
大豆	らっかせい	ぶどう	みかん	バナナ	オレンジ
かんきつ類	乳牛	肉牛	ぶた	羊	えび
水産業	オリーブ	茶	ビール	コーヒー豆	カカオ豆
綿花	さとうきび	ひまわり	チューリップ	バラ	油やし
天然ゴム	マニラ麻	サイザル麻	ジュート	なつめやし	ココやし

工業

石油精製	機械	鉄鋼	金属
製鉄	電子機器	電気機械	せんい
化学	木材・パルプ	織物	食品
自動車	オートバイ	タイヤ	造船
航空・宇宙	携帯電話	ソフトウェア	

鉱産物

石油	鉄鉱石	石炭	天然ガス	ウラン
クロム	ダイヤモンド	タングステン	ボーキサイト	マンガン
りん	亜鉛	金	銀	銅

都市

| 300万人以上 | 100～300万人 | 50～100万人 | 10～50万人 | 10万人未満 |

※その国の首都は赤色で示しています。

地図の高度(m)
9,000 / 7,000 / 6,500 / 6,000 / 5,500 / 5,000 / 4,500 / 4,000 / 3,500 / 3,000 / 2,500 / 2,000 / 1,500 / 1,000 / 500 / 200 / 100 / 50 / 0 / (海面下)

欄外情報
- まめ知識　各ページに関連する，知っておくとためになる知識です。
- 用語解説　各ページで出てきた用語を解説しています。
- ここへリンク　関連するページを示しています。

東・東南アジアの国々

世界の地理 WORLD GEOGRAPHY

　東アジアの国々は，古代から日本と密接な関係を持ち続けてきた。とくに中国や韓国などとは，文化面でも共通点が多くなっている。また近年，中国は発展が著しく，アメリカ合衆国を抜いて，日本の最大の貿易相手国となっている。
　東南アジアのほとんどの国は，かつて欧米諸国の植民地だった。しかし，第二次世界大戦後に独立し，現在では，東南アジア諸国連合（ASEAN）を結成して，政治面や経済面で協力し合っている。ASEAN諸国からは，機械類などが日本へ輸出されている。

▲万里の長城（中国）

東アジアと東南アジアはアジア州の東部に位置するんだ。東南アジアは赤道が通るため，暑い国が多いぞ。

世界の中での位置

日本

首　　都 ▶ 東京
人　　口 ▶ 1億2,719万人
面　　積 ▶ 37.8万km²
人口密度 ▶ 341人/km²
主な言語 ▶ 日本語
主な民族 ▶ 日本人
主な宗教 ▶ 神道,仏教,キリスト教など

国旗の由来
「日の丸」,「日章旗」と呼ばれ,太陽が昇るイメージをデザインしている。

🚩 地震と火山が多い国

　日本はユーラシア大陸の東に位置する島国です。国土の約4分の3が山地で,火山と地震が多いことが特徴です。南北に長いため,南と北の気温差が大きく,南の沖縄県は亜熱帯の気候,北の北海道は冷帯（亜寒帯）の気候に属します。そのほかの地域は,大部分が温帯の気候に属します。

　古代から中国,朝鮮半島と交流してきたため,日本の文化はそれらの地域との共通点が多くみられます。宗教は仏教と神道が広まっていますが,初詣に行ったり（神道），クリスマスを祝ったり（キリスト教），除夜の鐘をついたり（仏教）と,さまざまな宗教行事が年中行事として行われています。

　世界有数の工業国で,自動車工業や先端技術産業が発達しています。経済大国でもあり,国内総生産(GDP)はアメリカ,中国に次ぐ世界第3位となっています。

文化 着物（和服）
日本の民族衣装。長い布を前で合わせ,帯でしめる。現在は祭礼や儀式のときに着られることが多い。浴衣,振袖,はかまなど,さまざまな種類がある。

▲着物を着た女性

モンゴル
中華人民共和国
黄海
東シナ海

文化 寿司
主に酢で味付けしたごはんの上に魚介類などをのせた料理。欧米諸国でも人気がある。

文化 姫路城　世界遺産
天守閣が江戸時代初期の建設当時の姿を残す。白く美しい姿から「白鷺城」とも呼ばれている。

▲姫路城

文化 七五三
3歳の男女児,5歳の男児,7歳の女児の成長を祝う行事。健やかな成長を願って,神社などにお参りする。

自然 温泉
日本は世界有数の温泉大国。すべての都道府県に温泉があり,人々のいやしの場となっている。

文化 相撲
日本の国技。まげをゆい,まわしをつけた力士が対戦する。古くは8世紀の「日本書紀」に記述がみられる。

文化 沖縄の文化
沖縄はかつて独立国だったため,エイサー,三線,琉球舞踊など,独自の文化が発達している。

▲沖縄の盆踊り・エイサー
三線や太鼓のはやし,歌に合わせて踊る。

尖閣諸島
与那国島

食料自給率の低い日本

　日本は農業がさかんな国でしたが、農業を仕事とする人の数は年々減っています。とくに若い人が減り、**高齢化**が問題となっています。**食料自給率**はとても低く、小麦、大豆など多くの農作物を輸入にたよっています。

　農業の中心は稲作で、**東北地方と北陸地方は日本の米どころ**となっています。畑作も各地で行われていて、大都市の近くでは大都市に向けた野菜や花などを生産する**近郊農業**がさかんです。また、すずしい高原での**抑制栽培**や、暖かい平野での**促成栽培**など、気候や土地にあった農業が行われています。

抑制栽培と促成栽培

農作物を通常より時期をおくらせて栽培するのが抑制栽培、時期を早めて栽培するのが促成栽培。出荷時期をずらすことによって、高値がつく。

▲日本の農業地域

とる漁業から育てる漁業へ

　海に囲まれた日本では、水産業がさかんです。**潮目**（寒流と暖流が出合う海域）のある**三陸海岸の沖合**や、**大陸棚**が広がる東シナ海など、水産資源が豊富な海に囲まれています。しかし、各国の**排他的経済水域**の設定や魚のとりすぎなどの影響で、漁獲量は減少しています。このため、現在は「とる漁業」から安定した収入の見込める**養殖業**や**栽培漁業**などの「育てる漁業」への転換がはかられています。

用語　排他的経済水域

沿岸部から200海里（約370km）以内のうち、領海を除いた海域。この海域内にある魚や貝、石油、天然ガスなどは沿岸国のものとなる。

▲漁業種類別漁獲量の変化

1970年代には、石油危機による燃料の値上がりとともに、排他的経済水域の設定で日本の漁場がせばめられたため、遠洋漁業の漁獲量が減った。

▲ハマチの養殖の様子

養殖業とは、稚魚や稚貝をいけすなどで人工的に育て、大きくなってから出荷する漁業。栽培漁業は、卵からかえした稚魚・稚貝を一定期間育てたあと放流し、自然の中で成長させてからとる漁業。

まめ知識　アメリカの有名旅行誌「コンデナスト・トラベラー」が行った2018年の世界の魅力的な大都市ランキング（アメリカ合衆国を除く）で、東京が第1位、京都が第2位に入った。

世界有数の工業国

　日本は石油や石炭などの鉱産資源がとぼしい国です。そのため、鉱産資源を輸入し、製品をつくって輸出する**加工貿易**によって工業を発達させてきました。

　日本の工業がとくに発達したのは、1950年代後半からはじまった**高度経済成長期**です。この時期、鉄鋼業や石油化学工業のような素材をつくる工業が発達しました。1970年代から1980年代にかけては**自動車工業**や、半導体をはじめとするエレクトロニクス産業が発達しました。その結果、現在では世界有数の工業国になりました。近年はコンピュータ関連の製品をはじめとする、**先端技術産業**がさかんになっています。

　この間、欧米とくにアメリカとの**貿易摩擦**が深刻になり、現地生産が増えました。近年は人件費や材料費の安いアジアの国々に工場を建て、製品を**逆輸入**する企業が増え、国内の**産業の空洞化**が心配されています。

情報通信技術産業が発達

　日本では、商業、運輸業、金融業、飲食業などの**第三次産業**が発達しています。商業では、かつては大型スーパーマーケットや百貨店の売り上げが高かったですが、現在は**コンビニエンスストア**や駐車場を備えた**大型のショッピングセンター**の売り上げがのびています。また、店舗をもたず、インターネットを通じて商品を販売する会社も売り上げをのばしています。

　1990年代後半からは**情報通信技術(ICT)**の発達にともない、パソコンやインターネットに関連する情報通信技術産業が急激に発達しています。2000年代半ばには、政府が**外国人観光客**を増やして**観光業**を発展させる政策を進めました。この結果、日本をおとずれる外国人観光客は大幅に増えました。また、現在の**少子高齢社会**に対応して、**介護サービス**をはじめとする医療・福祉関係の産業の役割が高まっています。

▲日本の主な工業地帯・地域
太平洋ベルトは、工業地帯・地域が集中する地域。

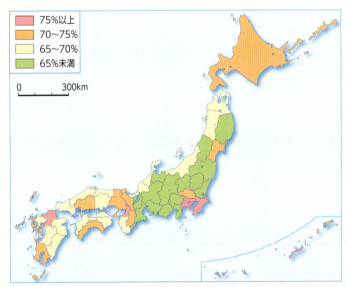

▲産業別人口にしめる第三次産業の割合(2015年)　(2018年版「県勢」)

用語 貿易摩擦
貿易をめぐる国家間のさまざまな対立。2国間で輸出額と輸入額に大きな差がある場合などに起こる。

用語 産業の空洞化
企業の海外進出によって、国内の工場が閉鎖されるなどして国内産業がおとろえること。

▲臨海部の工業地帯
臨海部は港に近く、原料の輸入、製品の輸出に便利なため、鉄鋼業や石油化学工業が発達しやすい。

まめ知識　【北九州工業地帯】北九州工業地帯は近年、出荷額がのびなやんでいるため、北九州工業地域と呼ばれることが多くなっている。

中華人民共和国

首都	▶ ペキン
人口	▶ 14億1,505万人
面積	▶ 960.0万km²
人口密度	▶ 147人/km²
主な言語	▶ 漢語(中国語)
主な民族	▶ 漢民族(漢族)
主な宗教	▶ 仏教, キリスト教, イスラム教など

国旗の由来
赤色は革命を, 黄色は光明を象徴する。大きな星は中国共産党を, 4つの小さな星はそれぞれ労働者・農民・知識階級・愛国的資本家の4つの階級を表す。

🌐 人口14億人を超える国

中華人民共和国（中国）は東アジアにある**世界で4番目に面積が広い国**で, 日本の約25倍もの広さがあります。この中に, 冷帯・温帯・乾燥帯・熱帯とさまざまな気候があります。自然のスケールも大きく, **黄河**や**長江**といった世界有数の大河や大きな砂漠があり, 南西部には8000m級の山々がそびえる**ヒマラヤ山脈**が走ります。

広大な土地には, **14億人**もの人々が住んでいます。そのうちの約9割を**漢民族(漢族)**がしめ, 残りをウイグル族, チベット族, チワン族など, **55の少数民族**がしめています。

農業がさかんで, 米, 小麦, 茶などの生産量は世界一です。豊富な鉱産資源をいかして**工業**も発達しており, 工業製品を世界各地へ輸出していることから「**世界の工場**」とも呼ばれています。

文化 春節
中国の旧正月。爆竹を鳴らし, 新年を祝う。家の入口などに, 縁起のよいことばが書かれた赤い札を左右対にしてはる。

(ロイター／アフロ)
▲春節で行われる龍の舞

自然 中国の気候
ウルムチは砂漠気候に属し, 1年を通じて降水量が少なく, 冬は寒さが厳しい。シャンハイ（上海）は温帯の温暖湿潤気候に属し, 日本に似て温暖な気候。

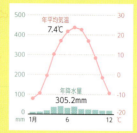
▲ウルムチの雨温図

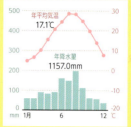
▲シャンハイの雨温図
(平成30年版「理科年表」)

文化 飲茶（ヤムチャ）
小さな蒸籠に入れられたマンジュウ, ギョウザ, シュウマイなどを, 中国茶とともに楽しむ。

▲たくさんの料理が楽しめる飲茶

文化 四川料理（しせん）
さんしょうととうがらしを使った辛い料理。麻婆豆腐や担々めんが代表的。

➕ もっと知りたい：一人っ子政策と少子化問題

多くの人口をかかえる中国では, 人口増加を抑えるために1970年代後半に夫婦一組につき子どもを一人までに制限する「一人っ子政策」が導入されました。これによって人口増加は抑えられましたが, 子どもが少なくなる少子化が進み, 生産力の低下が心配されるようになりました。このため, 2015年いっぱいで一人っ子政策は廃止され, 子どもは2人までゆるされることになりました。

生産責任制の導入

広大な国土をもつ中国は、世界有数の農業大国です。**米,小麦,綿花,野菜,果実**など、さまざまな農作物の生産量が世界有数です。さかんな農業は、気温や降水量によって異なります。おおまかに、長江のあたりを境にして、雨が少ない北部では**畑作**、温暖で雨が多い南部では**稲作**がさかんです。また、乾燥が激しい西部では、**牧畜**がさかんです。

かつては、**人民公社**という組織での集団農業が行われ、収かくした農作物はすべて国に納められていました。しかし、1970年代後半から国に納めた分以外を自由に販売できる**生産責任制**を導入したことによって生産意欲が向上し、生産性が上がりました。この結果、都市近郊では裕福な農家が現れました。

▲華中の稲作風景 （Imaginechina／アフロ）

中国の生産量が世界一の農作物
米や小麦、茶やばれいしょ（じゃがいも）などがある。

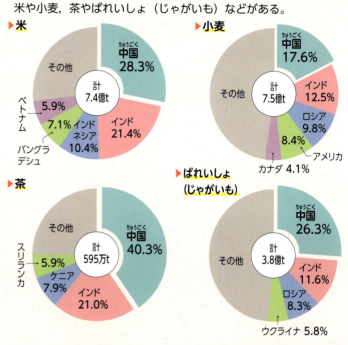

▶米　計7.4億t
- 中国 28.3%
- インド 21.4%
- インドネシア 10.4%
- バングラデシュ 7.1%
- ベトナム 5.9%
- その他

▶小麦　計7.5億t
- 中国 17.6%
- インド 12.5%
- ロシア 9.8%
- アメリカ 8.4%
- カナダ 4.1%
- その他

▶茶　計595万t
- 中国 40.3%
- インド 21.0%
- ケニア 7.9%
- スリランカ 5.9%
- その他

▶ばれいしょ（じゃがいも）　計3.8億t
- 中国 26.3%
- インド 11.6%
- ロシア 8.3%
- ウクライナ 5.8%
- その他

（2016年）（2018/19年版「世界国勢図会」）

▼中国の農業地域

西部の乾燥帯
乾燥が激しいため、乾燥に強い羊の放牧がさかん。豚肉を食べず、羊肉を食べるイスラム教徒が多いことも関係している。オアシスでは、小麦、ぶどうなどの栽培が行われている。

西部の高原地帯
乾燥に強いヤク、やぎなど、家畜の放牧が行われている。

東北・華北
一般に気温が低く、雨が少ないため、稲作には適さない。そのため、雨が少なくても栽培できる小麦の生産が多い。そのほか、東北では大豆、こうりゃん、華北ではとうもろこし、きびの生産が多い。

華中・華南
気温が高く、雨が多いため、稲作がさかん。温暖な気候にあった茶や綿花も生産されている。華南のチュー川の流域では、米の二期作が行われているほか、さとうきびの栽培がさかん。

まめ知識 中国では、買い物の際のスマートフォンなどを用いた支払いが日本よりもはるかに普及している。その背景には、偽札が広がり、現金を使いづらくなったことがあると考えられている。

近年大きく発展した工業

中国の広大な国土には、石油、石炭、鉄鉱石、鉛、ウラン、レアメタルなど、さまざまな種類の鉱産資源が埋蔵されています。これらの資源をいかして、中国では古くから工業が発達しています。かつては東北部が工業の中心でしたが、現在では南部の沿岸地域に中心が移っています。いっぽう、西部の内陸地域は工業化がおくれています。

中国では、**機械工業**、**鉄鋼業**、化学工業といった重化学工業から、**食料品**や**衣料品**の生産といった軽工業まで、各種工業が発達しています。近年は**自動車**の生産台数が大幅にのびています。また、テレビ、携帯電話、デジタルカメラ、パソコンなど、**エレクトロニクス産業**も発展しています。

▲石炭の採掘 （ロイター／アフロ）

中国の生産量が世界有数の鉱産資源

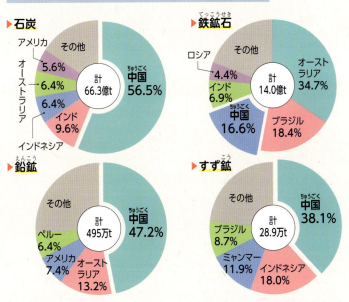

▶石炭　計66.3億t
- 中国 56.5%
- インド 9.6%
- インドネシア 6.4%
- オーストラリア 6.4%
- アメリカ 5.6%
- その他

▶鉄鉱石　計14.0億t
- オーストラリア 34.7%
- ブラジル 18.4%
- 中国 16.6%
- インド 6.9%
- ロシア 4.4%
- その他

▶鉛鉱　計495万t
- 中国 47.2%
- オーストラリア 13.2%
- アメリカ 7.4%
- ペルー 6.4%
- その他

▶すず鉱　計28.9万t
- 中国 38.1%
- インドネシア 18.0%
- ミャンマー 11.9%
- ブラジル 8.7%
- その他

（2015年）（2018/19年版「世界国勢図会」）

▲中国の主な鉱産資源と工業都市

ターチン
東北部で初めて石油が産出された場所。石油化学工業が発達している。

フーシュン
露天掘りの炭田がある。露天掘りとは、直接地表をけずって鉱産資源を採ること。鉄鋼業も発達している。

アンシャン
鉄鉱石を産出するため、鉄鋼業が発達している。

シャンハイ（上海）
国際的な貿易港があった影響で、古くから工業が発達している。機械工業など、各種工業が発達している。

ホンコン（香港）
せんい工業や機械工業などが発達し、アジアNIESの1つに数えられている。

> **まめ知識**　中国では、年齢は「数え年」で数える。例えば、2000年6月1日生まれの人は、生まれた2000年が1歳で、2001年1月1日になると2歳になる。

🌐 BRICSの1国

　中国は，1949年の中華人民共和国の成立以来，**社会主義経済**を導入して，計画的な経済政策をとってきました。しかし，経済がゆきづまったため，1970年代後半から，改革・開放路線を打ち出し，市場経済を導入しました。

　その1つに，**経済特区**の設置があります。経済特区とは，海外の資本や技術を導入するために特別に設けられた地域で，税金などの面で，経済的な優遇措置を認めています。現在では，各国の企業が経済特区に進出しています。また，日本の町村にあたる郷や鎮，あるいは個人が経営する企業（**郷鎮企業**）が認められると，これが台頭し，現在では中国の工業生産額の約半分をしめるようになりました。

　これらの改革が行われた結果，中国の経済は急速に発展し，現在では経済発展が著しい**BRICS**の1国に数えられています。

▲黄砂の飛散
日本には，主に3月～5月にかけて偏西風にのってやってくることがある。

> **用語 黄砂**
> ゴビ砂漠やタクラマカン砂漠の砂や塵が大気中に舞い上がり，風にのって運ばれる自然現象。有害な化学物質をふくむことがあるため，健康への被害が心配されている。

▲中国経済の発展を象徴するシャンハイ（上海）の高層ビル群

🌐 深刻な環境問題

　工業化が進むにつれて，中国では環境問題が深刻になっています。とくに深刻なのが，自動車や工場からの排出ガスなどによる**大気汚染**や**酸性雨**です。2010年代に入ってからは**PM2.5（微小粒子状物質）**と呼ばれる物質が大量発生し，問題となっています。これらの被害は中国国内にとどまらず，中国で発生した酸性雨やPM2.5が日本にまでとどくことがあります。

　また，内陸部で進む**砂漠化**も大きな問題となっています。砂漠化にともない**黄砂**の飛散が増加していて，日本や韓国にも黄砂がおしよせています。

▲PM2.5によって灰色になったペキン（北京）
PM2.5は有害で，吸い込むと，ぜん息，気管支炎，肺がんなど，呼吸器・循環器系の病気にかかりやすくなる。

> **用語 PM2.5**
> 直径2.5μm（マイクロメートル）以下の小さな粒の総称。小さくて軽いため，発生すると空気中に浮かんで，落ちることなく漂う。

用語解説　【BRICS】経済発展が著しい，ブラジル（Brazil），ロシア（Russia），インド（India），中国（China），南アフリカ共和国（South Africa）のこと。それぞれの頭文字をとって，この名がついた。

🌐 ホンコン（香港）の様子

ホンコンは中国南部の沿岸にある都市です。もともと中国の領土でしたが，**アヘン戦争**（1840〜42年）後にイギリスの植民地となりました。1997年に社会主義体制の中国に返還されましたが，2047年まではイギリスの植民地時代と同じく，**資本主義の経済や社会制度をとる**ことになっています。現在は，外交と国防以外では高度な自治権をもつ**特別行政区**に指定されていて，アジア有数の海運，貿易，金融の中心地として発展しています。

また，グルメやショッピングの地としても人気があり，世界中から多くの観光客がおとずれています。

▲看板が埋めつくすホンコンのメインストリート

▲百万ドルの夜景
ホンコンの夜景は，イタリアのナポリ，日本の函館と並び，「世界三大夜景」に数えられることがある。

▲二階建てトラム（路面電車）
ホンコンを象徴する乗り物。車体にはさまざまな広告がのっている。

🌐 台湾の様子

台湾は，中国本土の南東の海上にある台湾本島と付近の島々からなります。19世紀末から1945年まで，日本に支配されていました。中国共産党との内戦に敗れた国民党政府が1949年に逃れてきて以来，独自の政府をもち，中国本土とは異なった政治，経済体制をしいています。日本をはじめほとんどの国が独立国としては認めていませんが，日本とは経済的にも文化的にも交流がさかんです。

現在は，機械工業，造船業，エレクトロニクス産業などが発展していて，**アジアNIES（新興工業経済地域）**の1つに数えられています。

▲台湾の屋台街
手軽に低価格でいろいろなものが食べられ，地元の人や観光客でにぎわう。

> **まめ知識** 台湾には100をこえるたくさんの温泉がある。その多くは，日本の植民地であった時代に開発された。さらに1990年代末に開発が進み，温泉人気が高まった。

大韓民国（韓国）
だいかんみんこく　かんこく

首　　都 ▶	ソウル
人　　口 ▶	5,116万人
面　　積 ▶	10.0万km²
人口密度 ▶	510人/km²
主な言語 ▶	韓国語
主な民族 ▶	朝鮮民族
主な宗教 ▶	キリスト教, 仏教

国旗の由来
太極旗という旗で，中央の赤と青の円は太極といって宇宙を表し，4隅の卦（占いの算木の形）は，天と地，太陽と月，男性と女性などを表している。

🌏 古くから日本とつながりの深い国

　大韓民国(韓国)は，東アジアにある**朝鮮半島の南部**に位置する国です。東は日本海，西は黄海，南は東シナ海に面し，2つの山脈が南北に走ります。気候は，南部は**温帯**で，北部は**冷帯（亜寒帯）**に属します。

　古代から日本と交流が深く，朝鮮半島から多くの人々が日本に渡ってきて，大陸の文化を伝えました。20世紀初めには日本の植民地となりますが，第二次世界大戦後の1948年に北の**朝鮮民主主義人民共和国(北朝鮮)**と分かれて独立しました。1950年から53年にかけて北朝鮮との**朝鮮戦争**が起こり，多くの犠牲者が出ました。1953年の休戦協定によって戦闘は終わりましたが，**北緯38度線**付近を**軍事境界線**として，南北に分断されています。

　1960年代から工業が急速に発展し，**現在はアジアNIES(新興工業経済地域)**を代表する国となっています。農業は日本と同様に，**稲作**が中心です。

文化 ハングル
朝鮮半島で使用されている文字。15世紀につくられた。

▶看板に書かれたハングル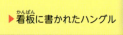

文化 キムチ
朝鮮半島の漬物。はくさい，だいこん，きゅうりを使ったものが代表的。とうがらしを使うことが多く，辛いものが多い。

▲はくさいのキムチ

文化 テコンドー
足技を中心とする朝鮮半島の格闘技。オリンピックの正式種目でもある。

中華人民共和国

黄　海

▲テコンドーの試合
ポイントを競って勝敗を決める。
（ロイター／アフロ）

文化 農楽
のうがく

朝鮮半島の伝統芸能。鉦，太鼓などを奏でながら踊る。豊作を祈願したり，収穫を祝ったりする。

▶農楽

120°E

その他

パンムンジョム（板門店）
北緯38度線付近の、軍事境界線上にある朝鮮戦争の休戦協定が結ばれた地。韓国と北朝鮮の会議場がある。観光客がおとずれることができる。

▲韓国側から見たパンムンジョム（板門店）

自然

ソウルの気候
冬は寒く、気温は0度を下回る。降水量は夏に多く、冬は少ない。

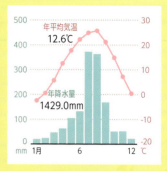
▲ソウルの雨温図　（平成30年版「理科年表」）

北緯30度上での距離です。

朝鮮民主主義人民共和国　朝鮮半島　トンチョソン湾　テベク山脈　鉄鉱石　銀　ソベク山脈　西水道　チェジュ海峡　チェジュ島　米（稲）　パンムンジョム（板門店）　ソウル　インチョン　キョンギ湾　スウォン　クワンジュ　テグ　キョンジュ　ウルサン　プサン　日本海　日本　太平洋　東シナ海

大韓民国

文化

チマ・チョゴリ
朝鮮半島の民族衣装。チマは足首まであるスカート。チョゴリは丈の短い上着で、胸元をリボンで結ぶ。

▲チマ・チョゴリを着た女性
結婚式など、特別な日に着ることが多い。

文化

プルコギ
牛肉をにんにく、野菜、きのこなどとともに鍋や網で焼いた（煮た）料理。もともとは宮廷料理だったが、その後、庶民層に広まった。

▲プルコギ
肉はしょう油ベースの甘い味付け。

オンドル
朝鮮半島の暖房装置。床下にれんがで煙道をつくり、かまどの煙を床下に送って、その熱で室内を暖めるしくみ。

➕ もっと知りたい

儒教にもとづいた教え
韓国の社会には、上下関係を重んじる儒教の教えが根付いています。例えば、目上の人の前でタバコを吸うのは、親の前であっても許されていませんし、目上の人よりも先に料理にはしをつけてはいけないことになっています。このような厳しい教えがあるため、バスや電車の中で、若者がお年寄りに席をゆずる光景をひんぱんに目にすることができます。

まめ知識
【韓国語の単語】韓国語には、日本語と似た発音をする単語が多くある。例えば、家族は「カゾク」、約束は「ヤクソ」、運動は「ウンドン」、無料は「ムリョ」という。

アジアNIES（ニーズ）の代表国

　現在の韓国は，工業を中心とする国です。韓国は鉱産資源にはめぐまれていませんが，1960年代から日本やアメリカ合衆国の資本を積極的に導入して，工業化を進めました。その結果，現在は**アジアNIES（新興工業経済地域）**を代表する国に数えられるほどになりました。とくにさかんなのは，**自動車工業**，**鉄鋼業**，**造船業**で，いずれも生産量は世界有数です。また，近年は半導体や電子機器の生産など先端技術産業もさかんです。

　地域別にみると，首都のソウルで機械工業やせんい工業が発達しているほか，南東部のナムトン工業地帯で**造船**，**鉄鋼**，機械，化学など，重化学工業が発達しています。

▲韓国の工業地域
とくに南東部のナムトン工業地帯などで工業がさかん。

▲臨海部の工業地域（ポハン）

セマウル運動で近代化した農業

　韓国はかつて農業を中心とする国でした。農業人口は年々減少していますが，現在も稲作を中心とする農業が行われています。稲作のほかには，大麦，さつまいも，だいこん，はくさいなどが栽培されています。

　1970年代からは**セマウル（新しい村）運動**と呼ばれる農村の近代化運動が始まり，政府の支援のもと，農作業の機械化やかんがい施設の整備などが進められました。

▲稲かりの様子

文化面での日本との交流

　韓国はかつて，北朝鮮とともに日本の植民地でした。太平洋戦争が終結して独立したのちも，しばらくは日本と国交がありませんでした。1965年に**日韓基本条約**が結ばれて国交が正常化され，貿易など経済的な交流は進みましたが，文化的な交流はあまり進みませんでした。

　しかし，近年は，2002年の**サッカーのワールドカップ日韓共催**をはじめとして文化面での交流も進んでいます。現在は，日本で韓国の音楽やドラマが，韓国で日本のマンガやアニメが人気です。

▲韓国関係の店舗が並ぶ東京の新大久保

まめ知識 【韓国の民主化】韓国は1961年に軍事クーデターが起こり，以後長らく独裁政治が続いた。1980年代後半に民主化が進み，1993年に文民（軍人経験のない人）の大統領が誕生した。

朝鮮民主主義人民共和国

国旗の由来
赤は社会主義国家建設を，青は平和を，白は光明と純潔を表している。

首都 ▶ ピョンヤン	人口 ▶ 2,561万人	面積 ▶ 12.1万km²
人口密度 ▶ 212人/km²	主な言語 ▶ 朝鮮語	

主な民族 ▶ 朝鮮民族
主な宗教 ▶ 仏教徒連盟，キリスト教連盟などがあるとされる

🚩 社会主義にもとづく国づくり

朝鮮民主主義人民共和国（北朝鮮）は東アジアの朝鮮半島北部にある国です。国土の大部分が山地で夏と冬の気温差が大きい大陸性気候です。

1948年に南の大韓民国（韓国）と分かれて独立して以来，社会主義にもとづく国づくりが行われています。石炭や鉄鉱石など豊富な鉱産資源をいかして工業化を進めていますが，技術面のおくれなどから経済は停滞しています。また，核開発を進めていることなどから，世界各国から経済制裁を受けています。

文化 朝鮮にんじん（高麗にんじん）
朝鮮半島と中国東北部を原産とするにんじん。古くから強壮などの薬用として栽培され，高級品として知られる。

▲朝鮮にんじん

自然 白頭山
北朝鮮と中国の国境にそびえる火山。標高は2,744m。古くから朝鮮民族の聖地として信仰されている。

▲白頭山

文化 高句麗古墳群
高句麗（紀元前1世紀〜7世紀）の王族や貴族のお墓。当時の文化や風俗を伝える壁画がみられる。

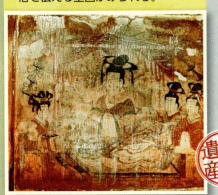
▲高句麗古墳群の壁画　（提供：アフロ）
【世界遺産】

➕ もっと知りたい 日本と北朝鮮
北朝鮮は1910〜45年の間，南の韓国とともに日本の植民地でした。この間，学校での日本語教育や創氏改名（日本風の氏名に変えること）を強制されました。
現在，日本政府は北朝鮮を国家として承認しておらず，日本人が無理やり北朝鮮に拉致された問題（拉致問題）や北朝鮮の核開発などがあることから，正式な国交はありません。

0　100　200　300　400　500km
北緯45°上での距離です。

まめ知識　【北朝鮮の暮らし】 北朝鮮では言論の自由がなく，政府に批判的な者は厳しく処罰される。このことなどを理由として，北朝鮮から海外へ脱出する人（脱北者）が多い。

世界の国々① 東アジア, 東南アジア
アジアに広がる醤文化

わたしたちの暮らしの中で, 最もよく使われる調味料のひとつに「醤油」があります。「醤」とは, 食品の塩漬けのことで, 魚や肉などを塩漬けにしたものが発酵し, それを味つけに使ったものが始まりと推測されています。醤の仲間は, タンパク質が麹菌や酵母などによってアミノ酸に分解されることでつくられます。味噌も, 醤の仲間です。醤文化圏は, 東アジアを中心とする一帯に広がっています。

醤文化圏は, 稲作地帯と重なっているよ。ご飯と醤が合うからだろうね。

✓ 東南アジアの醤と料理

東南アジアの醤の主流は, 魚を原材料とする魚醤です。とれた魚を塩漬けにすると, 内臓にふくまれる酵素の働きによって発酵し, やがて原形をとどめないドロドロの液体となります。汁はそのまま使うこともできますが, 布で何回かこして, きれいにすることもあります。日本の醤油と風味はちがいますが, 同じ醤の仲間なので, どこか親しみを感じる味がします。日本にも秋田の「しょっつる」などの魚醤があります。

▲魚売り(カンボジア) 多くの家庭では, 川や池でとれる魚を塩漬けして魚醤をつくっている。

魚醤はちょっとにおいが強いけれど, なれるとやみつきになる人も多いよ！

▲魚醤を売る人(カンボジア) さまざまな魚醤があり, 料理や好みに合わせて使い分ける。

▲タイ料理 料理の多くに, 魚醤が使われている。タイは醤文化圏と香辛料文化圏の交差地点にあり, 香辛料もよく使われる。

▲ベトナム料理 さまざまな料理に, 魚醤が使われている。

魚醤の発祥の地は？

魚醤は, 穀物でつくる醤（穀醤）よりも古い歴史があります。その発祥の地は, タイ東北部といわれています。タイ東北部は, 土地がやせた貧しい地方です。大きなメコン川の上流にあるのに, 魚は多くはとれません。土地からは塩が吹き出し, 塩田もあります。
この地に住む人々は, 地元の塩をいかして, 貴重な食料である魚を塩漬けにして, 保存してきたと考えられます。

まめ知識 【魚醤のいろいろ】タイのナンプラーやベトナムのニョクマムは, 日本でも人気があり, スーパーなどでも売られている。日本の魚醤では, 石川県のいしり（いしる）, 秋田県のしょっつる, 香川県のいかなご醤油が三大魚醤として有名である。

中国の醤と料理

古代中国の国，周の時代に書かれた『周礼』には，しか，うさぎ，鳥，魚などを使った醤の記述があります。しかし，その後，中国では，穀醤が主流になりました。今では，肉醤や魚醤はほとんど使われません。

▲中華料理
多種類の醤を組み合わせたり，使い分けたりして調味する。

▲肉の串焼き（シャンハイ） 味の基本は，醤。

韓国の醤と料理

韓国では，醤を家庭でつくることが，現在でも珍しくありません。マンションのベランダでもつくります。穀醤のほかに，魚醤も料理によく使います。醤は，キムチを漬けるときにも利用されます。

▲東大門市場の食べ物売り（ソウル） 韓国でも，醤は料理の調味に欠かせない。

魚醤は内臓などにある酵素で自然発酵してできるけど，穀醤は麹菌などの菌の利用が必要なんだ。

▲豆板醤 （ピクスタ）
そらまめやとうがらしなどからつくる辛い味噌。

▲豆鼓醤
黒大豆からつくる。醤油に似た味がする。

▲辛子醤 （ピクスタ）
もち米にとうがらしを加えて発酵させた，辛い味噌。

▲甜醤
大豆や砂糖を使った，あまい味噌。

日本の醤と料理

日本では，奈良時代には，穀醤，肉醤，魚醤がそろい，さまざまな醤がありました。「末醤」という記述もあります。「末」とは，すりつぶすという意味で，大豆や麦などを材料としていました。「末醤」は，平安時代には「未醤」と書かれるようになり，のちに「味醤」となり，現在の「味噌」になったようです。

また，鎌倉時代に，覚心という僧が中国（宋）からおいしい味噌のつくり方を紀州（和歌山県）に伝え，それが径（金）山寺味噌となり，味噌をつくるときのおけの底にたまった汁も調味料として利用されるようになりました。この汁がおいしいので専門につくるようになって，醤油が誕生し，全国に広まっていったようです。

▲醤油の仕込み
醤油は，大豆，小麦，食塩を原料として，麹菌を利用してつくる。これらを木桶やタンクの中で発酵・熟成させる。

モンゴル

首都 ▶ ウランバートル　人口 ▶ 312万人　面積 ▶ 156.4万km²
人口密度 ▶ 2人/km²　主な言語 ▶ モンゴル語, カザフ語
主な民族 ▶ モンゴル族, カザフ族など
主な宗教 ▶ 仏教(チベット仏教)

国旗の由来
赤色は勝利と喜びを，青色は変わらない空と忠誠と献身を表す。黄色の部分はソヨンボ(蓮台)と呼ばれる伝統のシンボル。

🚩 草原が広がる国

モンゴルは中国の北にある，海に面していない内陸国です。国土の大半をモンゴル高原がしめ，南部に乾燥したゴビ砂漠が広がります。大陸性気候に属し，**夏と冬の気温差が大きく**，とくに北西部では冬はマイナス30度の厳しい寒さとなります。

住民の大部分はモンゴル族で，その多くが都市部に住んでいますが，草原では羊，やぎ，馬，らくだなどを移動しながら飼う，伝統的な**遊牧生活**が営まれています。

文化 モンゴル相撲
日本の相撲に似た格闘技。モンゴルでは「ブフ」という。頭，ひじ，ひざ，背中などが地面についたら負け。

▲国民行事のナーダムで行われるブフ

モンゴル出身の力士が日本でも活やくしてるよ。

文化 ゲル
遊牧生活をする人々の組み立て式の住居。円筒形をしていて，フェルト(羊毛)でおおわれている。

▲ゲル

➕ もっと知りたい
チンギス＝ハン(1162?～1227)
争いを続けていたモンゴル諸部族を統一し，モンゴル帝国を築きました。さまざまな新しい制度を整備し，征服した国の文化・宗教などを保護しました。

(提供：アフロ)

文化 馬頭琴
モンゴルの伝統の弦楽器。2本の弦と弓に馬の毛を用い，さおの先には馬の頭の彫刻がほどこされている。

▼馬頭琴

まめ知識 【砂漠に化石】モンゴルは世界有数の恐竜化石の産地。ゴビ砂漠では，世界最大級の翼竜(翼のはえた恐竜)の化石が発見された。

ミャンマー

首都 ▶ ネーピードー	人口 ▶ 5,386万人　面積 ▶ 67.7万km²
人口密度 ▶ 80人/km²	主な言語 ▶ ミャンマー語
主な民族 ▶ ビルマ族	
主な宗教 ▶ 仏教	

国旗の由来
黄色は団結，緑は平和と豊かな自然，赤は勇気と決断力，中央の白い星は安定した国家と人々が1つになることを表す。

人口の約7割をしめるビルマ族

　ミャンマーは，インドシナ半島西部に位置する国です。南部は熱帯，北部は温帯に属します。**多民族国家**で，人口の約7割をしめる**ビルマ族**のほか，シャン族，カレン族，カチン族などの**少数民族**が暮らします。1960年代から軍事政権が独裁を行っていましたが，**2010年代に入って民主的な政府が誕生**しました。**仏教**が厚く信仰されていて，生活の隅々にまで仏教の教えが浸とうしています。

　産業の中心は農業で，**稲作**がさかんです。

ロンジー
ミャンマーの民族衣装。筒状になった布を腰に巻きつける。多くの人が日常的に身につけている。

▲ロンジーを身につける女性

バガン
11～13世紀に栄えたパガン王朝の首都。3000を超える仏塔（パゴダ）が建ち並ぶ仏教遺跡は，世界三大仏教遺跡の1つに数えられる。

▲バガンに点在するパゴダ

タナカ
ミャンマーでポピュラーな日焼け止め。「タナカ」という木からつくられ，美肌効果もあるといわれる。

▲タナカを顔に塗る女性

シュエダゴン・パゴダ
ミャンマー最大の都市ヤンゴンにある寺院。中心にある黄金の仏塔（パゴダ）は，高さ約100mにもなる。

▲シュエダゴン・パゴダ

まめ知識　【ミャンマー人の名前】ミャンマー人には名字（姓）がなく，祖父，祖母，父，母などの名前の一部をもらったり，生まれた月の名前をつけたりすることが多い。

ラオス

首都	ビエンチャン	人口	696万人
面積	23.7万km²	人口密度	29人/km²
主な言語	ラオス語, フランス語		
主な民族	ラオ人など	主な宗教	仏教

国旗の由来
赤は独立のために流された血、青は繁栄とメコン川、白い円はメコン川にのぼる月と平和を表す。

🌏 森林資源が豊富な国

ラオスはインドシナ半島にある、海に面していない内陸国です。全体的に山がちで、平地はメコン川流域に広がります。気候は、南部は熱帯、北部は温帯に属します。

産業の中心は農業で、平地での稲作を中心に、とうもろこし、さとうきびなどを栽培しています。また、森林資源が豊富で、**木材**を多く輸出しています。メコン川の支流では**水力発電**が行われ、タイなどに電力を輸出しています。

文化 世界遺産 古都・ルアンパバーン
ランサン王国（14〜18世紀）の首都。町全体が世界遺産に登録されており、古都らしい美しい町並みが残る。

▲山々に囲まれたルアンパバーン

その他 バンビエン
石灰岩の岩山が川沿いに並び立つ風光明媚な町。洞窟や滝めぐりも楽しめる。

▲山水画の世界が広がるバンビエン

文化 タート・ルアン
首都ビエンチャンにあるラオスを代表する仏塔。お札や国章にもえがかれている。

▲タート・ルアン

北緯15°上での距離です。

【ラオスの米】 ラオスの主食は米だが、日本で食べられているような「うるち米」ではなく、「もち米」が主に食べられている。

ベトナム

首都 ▶ ハノイ	人口 ▶ 9,649万人	面積 ▶ 33.1万km²	
人口密度 ▶ 292人/km²	主な言語 ▶ ベトナム語		
主な民族 ▶ キン人(ベトナム人)			
主な宗教 ▶ 仏教, キリスト教(カトリック)			

国旗の由来
赤は革命で流された血を表し, 黄色の星は社会主義, 星から出る5つの光はそれぞれ労働者, 農民, 知識人, 青年, 兵士の5階層の団結を象徴する。

ドイモイで市場経済導入

ベトナムはインドシナ半島の東部にあり, 東は南シナ海に面します。南北に細長く, 長さは約1700kmにおよびます。気候は南部は熱帯, 北部は温帯に属します。1950年代に南北に分断され, 1960年代から1970年代にかけての**ベトナム戦争**では, 大勢の人が亡くなりました。1976年に南北が統一され, 社会主義国になりましたが, 1986年に**ドイモイ**(刷新)といわれる経済改革が行われてからは, 社会主義型の**市場経済**が導入されています。

産業の中心は農業で, 米や小麦, コーヒー豆が栽培されています。

自然 メコンデルタ
メコン川河口に広がるデルタ地帯(三角州)。ベトナムを代表する大稲作地帯で, 熱帯林が広がる。

▲メコンデルタに広がる熱帯林

自然 ハロン湾 【世界遺産】
ベトナムを代表する景勝地。広大な湾内に, 石灰岩でできた大小2000もの奇岩が点在する。

▲ハロン湾の奇岩群
10万年以上の時間をかけて形成された。

文化 フォー
ベトナムの国民食。スープの中に米でつくっためんを入れ, とり肉や牛肉をのせて食べます。

▲牛肉入りのフォー
めんは平たくて, 日本のきしめんに似ている。

文化 アオザイ
ベトナムの民族衣装。長い切れ目の入った丈の長い上着と, ゆったりとしたズボンを組み合わせて着ます。

▲アオザイを着た子どもたち

用語解説 【ベトナム戦争(1965〜1975年)】アメリカが支援する南ベトナムと北ベトナムとの間で行われた戦争。アメリカ軍による激しい空爆と地上戦で数百万の犠牲者が出た。1975年に北ベトナムが勝利し, 翌年南北が統一された。

タイ

首都	バンコク
人口	6,918万人
面積	51.3万km²
人口密度	135人/km²
主な言語	タイ語
主な民族	タイ族, 中国系, マレー系
主な宗教	仏教

国旗の由来
フランス国旗を手本につくられた。赤は国家や国民を，青は国王を，白は仏教を信じる純すいな心を表す。

🚩 米の輸出量は世界有数

　タイはインドシナ半島とマレー半島にまたがる国です。西部にチャオプラヤ川，ラオスとの国境にメコン川が流れ，国土をうるおします。気候は一年中暑い**熱帯**に属し，**雨季**と**乾季**があります。

　13世紀におこったスコータイ王朝が現在のタイの基礎となっています。14世紀にはアユタヤ王朝が成立し，17世紀初頭には多くの日本人がやってきて，**日本町**を形成しました。20世紀に入って周辺の国々がヨーロッパ諸国の植民地になる中で，独立を守りました。

　農業の中心は大河流域で行われる**稲作**で，米の輸出量は世界有数です。また，**天然ゴム**，**パーム油**，さとうきびの生産もさかんです。1970年代からは工業化が進み，機械・自動車・電子機器などの生産がさかんで，日本からも多くの企業が進出しています。

文化 仏教

タイ国民の8割以上が仏教を信仰し，仏教が生活に根付いている。男性は一生に一度は出家（僧侶になること）する習慣がある。

▲托鉢の様子
僧が町をめぐり，信者からお金や食事のほどこしを受ける。

文化 ワット・プラ・ケオ（エメラルド寺院）

首都バンコクにある仏教寺院。エメラルドによく似た碧玉でできた仏像が安置されている。

◀ワット・プラ・ケオ
タイでもっとも格式の高い寺とされている。

自然 バンコクの気候

一年を通じて気温が高い。雨が多い雨季と少ない乾季に分かれる。

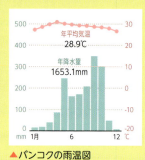

▲バンコクの雨温図
（平成30年版「理科年表」）

民族 カヤン族

北部の山岳地帯に住む少数民族。女性は首に真ちゅうの首輪をはめて，首を長くみせる習慣がある。

▲カヤン族の女性
5歳ごろから首輪をつけ始め，少しずつ長くしていく。

➕ もっと知りたい 日本町と山田長政

　17世紀初頭，東南アジア各地に日本町がつくられました。アユタヤにも日本町がつくられ，最盛期には約1500人の日本人が住みました。駿府（現在の静岡県）出身の山田長政はアユタヤの日本町の長となった人物で，国王の信頼を得て，のちにマレー半島を治める太守となりました。しかし，国王の死後，国内の争いに巻きこまれ，毒殺されました。現在，静岡県では，日本とタイの友好のために「長政まつり」が開かれています。

▲山田長政
（提供・アフロ）

北回帰線

文化 トゥクトゥク
三輪の乗り物。タクシーとともに庶民の足として使われている。メーターはなく，料金は交渉して決める。

▲トゥクトゥク

文化 ソンクラーン（水かけ祭り）
毎年4月の旧正月にタイ全土で行われる祭り。だれかれかまわず，水をかけ合う。

▲ソンクラーンの様子
（新華社／アフロ）

ラオス
トンキン湾
チェンマイ
インドシナ半島
ナコンラチャシマ
タイ
米（稲）
バンコク
サムットプラカーン
天然ゴム
えび
チャオプラヤ川
カンボジア
タイランド湾
石油
ベトナム
南シナ海
鉄鉱石
天然ガス
マレー半島
インドネシア
100°E

文化 アユタヤ遺跡
アユタヤ（1350〜1767年）の宮跡。仏塔や仏像が残る。木の根にうまった仏頭が有名。

世界遺産
▲アユタヤ遺跡

文化 ナンプラー
魚を原料にした調味料（魚しょう）で，日本のしょう油にあたる。タイ料理に欠かせない味。

▲ナンプラー
レストランや食堂のテーブルに常備されている。

文化 ムエタイ
タイの国技。パンチ，キック，ひじ，ひざなどを使って戦う。試合前，神にささげる踊りを披露する。

▲ムエタイの試合

文化 タイ料理
辛くて，酸っぱい味に特徴がある。エビや魚などが入ったスープのトムヤムクンが有名。

▲トムヤムクン

0 100 200 300 400 500km
北緯15°上での距離です。

まめ知識　【バンコクの正式名】首都「バンコク」は正式名称ではなく，クルンテープ・マハーナコーン・アモーンラッタナコーシン・マヒンタラーユッタヤー〜と，その先もさらに続く。

カンボジア

首都	▶ プノンペン	人口	▶ 1,625万人
面積	▶ 18.1万km²	人口密度	▶ 90人/km²
主な言語	▶ カンボジア語（クメール語）		
主な民族	▶ クメール人，中国系など	主な宗教	▶ 仏教

国旗の由来

青は王室の権威，赤は国民の忠誠心を表す。中央の建物は，カンボジアの象徴であるアンコール・ワット。

🌐 アンコール・ワットをいかした観光業

カンボジアはインドシナ半島の南に位置する国です。国土の大部分は平地で，中央部に**メコン川**が流れ，西部に**トンレサップ湖**があります。気候は**熱帯**に属し，**雨季**と**乾季**があります。

産業の中心は農業で，メコン川流域では**稲作**が行われています。**観光業**も重要な産業で，**アンコール・ワット**は世界的な観光地です。

文化 アンコール・ワット

12世紀に建てられた，クメール王国時代の石造の大寺院。初めはヒンドゥー教の寺院だったが，現在は仏教寺院となっている。

▲アンコール・ワット

アンコール・ワットはアンコール遺跡の一部だよ。

自然 トンレサップ湖

東南アジア最大級の湖。雨季には面積が乾季の3倍にもなる。湖上に建てられた家屋で生活する人々も多く，学校や病院もある。

▲トンレサップ湖の水上生活

文化 アプサラの踊り

カンボジアの伝統舞踊。天女（アプサラ）のかっこうをした踊り子が踊りを神にささげる。手や指をしなやかに曲げて踊る。

▲アプサラの踊り

まめ知識　【かぼちゃの語源】 野菜のかぼちゃの語源は「カンボジア」。16世紀にポルトガル人によってカンボジアの野菜として日本に持ちこまれ，なまって「かぼちゃ」と呼ばれるようになったといわれる。

シンガポール

国旗の由来
赤は友愛と平等、白は純潔と高い徳を表し、三日月は国の発展を、5つの星は民主、平和、発展、正義、平等を示す。

- 首都 ▶ なし（都市国家）
- 人口 ▶ 579万人
- 面積 ▶ 700km²
- 人口密度 ▶ 8,055人/km²
- 主な言語 ▶ マレー語、英語、中国語、タミル語
- 主な民族 ▶ 中国系、マレー系、インド系
- 主な宗教 ▶ 仏教、キリスト教、イスラム教

アジアNIES（ニーズ）の1つ

シンガポールはマレー半島の南端沖にある、シンガポール島と50を超える小島からなる島国です。たいへん小さな国で、総面積は日本の対馬くらいです。気候は、赤道に近いため、一年中高温多湿の**熱帯**に属します。

資源がとぼしいため、他の国から輸入したものを別の国へ輸出する**中継貿易**で経済を発展させてきました。また、金融業がさかんで、**東南アジアの金融センター**の役割を果たしています。アジアの中で特に経済が発展した国で、**アジアNIES（新興工業経済地域）**の1つに数えられています。

文化 ホーカーズ（屋台街）
シンガポール国民の台所。中国料理、マレー料理、インド料理など、各国の料理が格安で食べられる。

▲にぎわうホーカーズ

その他 マーライオン
シンガポールを象徴する彫像。頭部はライオン、下半身は魚の姿をし、豪快に水をはく。

▲水をはくマーライオン

その他 リトルインディア
インド料理店やヒンドゥー教寺院などがたち並ぶ、インドの雰囲気がただよう地区。

▲リトルインディアのスリ・ヴィラマカリアマン寺院

＋もっと知りたい 清潔な町・シンガポール
シンガポールの町や公共施設は、たいへん清潔です。これは、国が町を清潔にすることに力を入れていて、違反行為には罰則を課しているためです。ゴミのポイ捨てやツバ吐き、チューインガムの所持、禁止地区での喫煙などには罰金が課せられます。外国人観光客も例外ではなく、違反すれば罰金となります。

用語解説 【アジアNIES】1970年代から急激に工業化を進め、経済が著しく発展した国や地域。シンガポール、韓国、香港、台湾など。（→18ページ）

マレーシア

首都	クアラルンプール
人口	3,204万人
面積	33.0万km²
人口密度	97人/km²
主な言語	マレー語,英語,中国語,タミル語
主な民族	マレー系,中国系,インド系など
主な宗教	イスラム教,仏教,キリスト教,ヒンドゥー教など

国旗の由来
13州と首都を表す14本の紅白の帯をもつ国旗。黄色は王朝の色で,月と星はイスラム教の象徴。青,赤,白の3色はイギリスの国旗がモデルとなっている。

🚩 多くの民族が住む多民族国家

マレーシアは**マレー半島**南部と**カリマンタン島(ボルネオ島)**の北部からなる国です。ほとんどの地域が熱帯に属し,国土の大半が**熱帯林**でおおわれています。

マレー系,中国系,インド系などからなる**多民族国家**ですが,長年にわたって多数をしめるマレー系を優遇する政策がとられています。

イギリスの植民地時代に**プランテーション**と呼ばれる大農園がつくられ,輸出用の熱帯作物が栽培されました。独立後は小規模農園が増え,油やし,ココやし,さとうきびなどが栽培されるようになりました。

国の経済は,かつては,天然ゴム,すず,石油などの一次産品の輸出にたよっていましたが,1980年代から日本や韓国を手本にした「**ルックイースト政策**」を導入し,**工業化**を進めました。その結果,電子機器をはじめとする工業製品が輸出の中心となり,日本からも多くの企業が進出しています。

その他 マレー鉄道
マレー半島を縦断し,北はタイ,南はシンガポールと結ぶ鉄道。もともとはすず,天然ゴムを運ぶために建設された。

自然 マラッカ海峡
マレー半島とインドネシアのスマトラ島の間の海峡。古くからインド洋と南シナ海,ジャワ海を結ぶ海路として,重要な役割を果たしてきた。

文化 マレー料理
ココナッツ,とうがらし,ターメリックなど,香辛料をたっぷり使ったスパイシーな料理。発酵させた小えびととうがらしなどでつくった「サンバル」という薬味も欠かせない。

▲マレー料理

ペトロナス・ツインタワー
その他

首都クアラルンプールにある、高さ452mの88階建てのビル。2本のタワーが特徴。

▲ペトロナス・ツインタワー

オランウータン
自然

カリマンタン島とスマトラ島の熱帯林に生息する哺乳類。マレー語で「森の人」を意味し、木の上で生活する。

▲オランウータンの親子

クアラルンプールの気候
自然

一年中気温が高く、降水量が多い。

▲クアラルンプールの雨温図
（平成30年版「理科年表」）

年平均気温 27.3℃
年降水量 2672.3mm

キナバル山
自然

東南アジアの最高峰とされる4095mの山。山ろくに「世界最大の花」といわれるラフレシアが原生している。

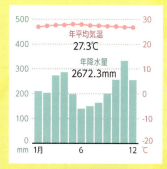
▲熱帯林に囲まれたキナバル山

ムラカ（マラッカ）
文化

マラッカ海峡に臨む都市。マレーシアの古都で、マレー、ヨーロッパ、中国の文化が融合した独特の町並みが広がる。

世界遺産

マレーシアとシンガポールの歴史
もっと知りたい

マレーシアとシンガポールは、かつてイギリスの植民地でした。第二次世界大戦が終わると独立運動が高まり、1957年にマレーシアが「マラヤ連邦」として独立しました。1963年にはシンガポールなどを加えて「マレーシア連邦」となりました。しかし、中国系住民が多いシンガポールが1965年に分離独立し、現在のようなマレーシアとシンガポールという2つの国になりました。

【ルックイースト政策】 1981年にマレーシアのマハティール首相が提唱したマレーシアの近代化政策。第二次世界大戦後に経済発展をとげた日本と韓国を手本とした国づくりを進めた。

世界の国々② 日本人のルーツは？

東アジア，東南アジア，中央アジア，シベリア

日本人の祖先がどこから来たのかについては，さまざまな説があります。しかし，「中国や朝鮮半島，東南アジアなどからわたってきた人々が入りまじって，日本人が形成された」という推測は，いずれの説でも大筋で一致しています。どんな人々が日本人となったのでしょうか？

旧石器時代，北方や南方から日本列島にわたってきたさまざまな人々がまざって，縄文人になった，と考えられているよ。

✓ 旧石器時代　約4万年前～約1万6000年前

日本人のふるさと① シベリア

日本列島に最初の人類がわたってきたのは，約4万年前と考えられています。彼らは，約20万年前にアフリカで誕生した新人（ホモ・サピエンス）の子孫で，シベリアでマンモスの狩りなどをして暮らしていました。当時は大陸と陸続きだった日本にもマンモスなどの北方系の動物がわたってきたので，それを追って日本列島へやってきたと考えられています。

▲シベリアの街　ロシア連邦に属する寒冷な地域。冬は−40℃を下回るところもある。ロシア人や少数民族が住んでいる。

▲マンモス　肉，毛皮，牙などが利用できる重要な動物だった。

日本人のふるさと② 東南アジア

アフリカで誕生した新人の子孫は，東南アジアにもやってきました。氷河期だった当時は，海水面が低く，インドネシア周辺には広大な大地スンダランドが広がっていました。スンダランドから黒潮（日本海流）に乗って海をわたり，沖縄へ到達した人々もいたようです。

当時，陸地だったところ
南方から人々がわたってきた海路
奄美大島
沖縄本島
スンダランド
サフールランド
（国立科学博物館「日本人はるかな旅展」をもとに作成）

◀海岸部に住んでいた人々　海のめぐみで暮らしていた。やがて，航海技術を発達させて，アジア方面やオーストラリア方面（サフールランド方面）へ移動していった。

▲インドネシアの市場　現在は熱帯に属する。青い海にはカラフルな魚が泳ぎ，森ではさまざまな果物がとれる。

用語解説　【石器時代】約200万年前から約紀元前1万年までの，打製石器の時代を旧石器時代という。それ以降の磨製石器の時代を新石器時代という。新石器時代の期間は，地域によって異なる。

✓ 縄文時代末期　約3000年前

日本人のふるさと③　中国

　大昔の日本列島では，縄目の文様のついた縄文土器を使う人々が暮らしていました。この時代を縄文時代といいます。縄文時代末期の紀元前11世紀ごろ，中国では周という国がおこりましたが，紀元前770年ごろから小さな国々が争うようになり，多くの人々が日本へ逃れてきた，と推測されています。大陸系の人々は，のちの弥生人となっていったようです。

▲風と海流を利用すれば，3～9日くらいで日本へたどり着いた。

▲シャンハイ(中国)の街角

大陸から来た人々は，日本に稲作を伝えたんだ。もとから日本にいた縄文人たちは，弥生人と交流をはかり，新しい文明を取り入れていったんだって。縄文人と弥生人がまざり合って，日本人が誕生したようだよ。

✓ 弥生時代～古墳時代　約3000年前～約1300年前

日本人のふるさと④　韓国・北朝鮮

　日本に邪馬台国があった3世紀ごろ，日本，中国，朝鮮半島の国々の間では，活発な往来があり，中国や朝鮮半島から，多くの人々が日本にわたってきました。それらの人々は渡来人と呼ばれ，固くて質が高い土器(須恵器)の技術や，漢字や仏教などの文化を伝え，財政や政治の面でも活やくしました。

▲にぎわうソウル(韓国)の街
韓国と九州の間は，近いところで約50kmしかない。人々の顔だちは，日本人とよく似ている。

✓ その他のルーツ

日本人のふるさと⑤　中央アジア

　遺伝子の研究からは，中央アジアの人々も，日本人のルーツと考えられます。東北地方の人々からは，白人にしか見られないウイルスの遺伝子が発見されることから，ヨーロッパの人々の祖先が日本列島へやってきた可能性もあります。

▲モンゴル高原
モンゴルなどの騎馬民族や，中央アジアの諸民族も，日本人のルーツのひとつと考えられている。

キミはどっち系？

日本人の顔の2大ルーツ

【南方系】
彫りが深く，目が大きく，まゆが太い。

【大陸系】
凹凸が少なく，目が細く，あごも小さめ。

33

インドネシア

首　　都	▶ ジャカルタ
人　　口	▶ 2億6,680万人
面　　積	▶ 191.1万km²
人口密度	▶ 140人/km²
主な言語	▶ インドネシア語
主な民族	▶ マレー系
主な宗教	▶ イスラム教，キリスト教，ヒンドゥー教

国旗の由来

赤は勇気を，白は潔白を意味する。同時に，赤と白の組み合わせは，太陽と月を表し，信仰の対象といわれている。

 1万3000をこえる島々からなる国

インドネシアは東南アジアの南部にある，1万3000をこえる島々からなる国です。赤道直下にあるため1年中高温で，雨が多い熱帯の気候に属し，**熱帯林**が国土をおおいます。日本と同様に地震や火山が多く，2004年にはスマトラ島沖を震源とする大地震によって巨大津波が発生し，インド洋に面する国々は大きな被害を受けました。人口は約2億7000万人で，**世界で4番目に多く**，その大半は**イスラム教**を信仰しています。

石油や**天然ガス**，すずなどの鉱産資源が豊富で，それらの輸出が国の経済を支えています。近年は日本企業も進出し，工業化が進んでいます。農業は**稲作**が中心ですが，オランダの植民地時代に**プランテーション**（大農園）でつくられていた**天然ゴム**や**コーヒー豆**，**パーム油**，**さとうきび**の生産もさかんです。

文化 サロン

インドネシアやマレー半島でみられる民族衣装。一枚の布を腰に巻きつける。おみやげとしても人気がある。

▶サロンを着た女性

自然 ジャカルタの気候

一年を通じて気温が高い。12～3月にかけて雨が多くなる。

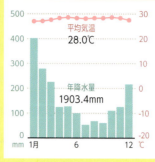
▲ジャカルタの雨温図
（平成30年版「理科年表」）

文化 ガムラン

ジャワ島やバリ島に伝わる，打楽器を中心とした伝統音楽，合奏形態。演劇や宗教儀式などの伴奏として演奏される。マレー語の「ガムル（たたく）」が語源となっている。

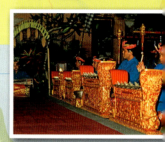
▲ガムラン

自然 ジャワ島

首都ジャカルタのほか，古都のヨクヤカルタなどがある。110～70万年前に活動したジャワ原人（ホモ・エレクトゥス・エレクトゥス）の化石が発見された。

自然 ラフレシア

スマトラ島やジャワ島などに分布する植物。他の植物に寄生して育つ。「アーノルディ」と呼ばれる品種の花の直径は1mほどになり，世界最大の花とされる。

▶ラフレシア

フィリピン

赤道

首都 ▶ マニラ　　人口 ▶ 1億651万人
面積 ▶ 30.0万km²　人口密度 ▶ 355人/km²
主な言語 ▶ フィリピノ語(タガログ語), 英語　　主な民族 ▶ マレー系, 中国系
主な宗教 ▶ キリスト教(主にカトリック)

国旗の由来

青は高潔な理想, 赤は国民の勇気, 白は平和と平等を象徴している。太陽は自由を, 3つの星はルソン島, ミンダナオ島, ビサヤ諸島を示している。

🌐 バナナの生産が有名

フィリピンはユーラシア大陸南東の太平洋上にあり, ルソン島, ミンダナオ島, セブ島など, **7000あまりの島々**からなる国です。日本と同じように, 全体的に山が多く, 火山と地震も多い国です。気候は, ほとんどが**一年中高温多湿の熱帯気候**です。産業の中心は農業で, **バナナ, パイナップル, ココやし**, マニラ麻など, 熱帯性植物の栽培がさかんです。また, 海外へ出稼ぎに出ている人からの送金も国の経済を支えています。

文化 ジプニー
フィリピンの乗り合いバス。派手な模様の自動車がたくさんの人を乗せて走る。
▲ジプニー

産業 プランテーション(大農園)
アメリカ合衆国や日本の資本で, バナナやさとうきびなどが栽培されている。バナナは日本向けが中心。

文化 ライステラス 🌍世界遺産
ルソン島北部にある, 山々を切り開いてつくられた棚田。2000年以上かけて築き上げられた。
▲ライステラス

自然 セブ島
フィリピンを代表するビーチ・リゾート。日本からも多くの観光客がおとずれる。
▲セブ島の浜辺

まめ知識 フィリピンは, 英語を話す人が多く, 物価も安いため, 英語留学先として人気がある。

ブルネイ

- 首都 ▶ バンダルスリブガワン　人口 ▶ 43万人
- 面積 ▶ 5800km²　人口密度 ▶ 75人/km²
- 主な言語 ▶ マレー語, 英語
- 主な民族 ▶ マレー系, 中国系など
- 主な宗教 ▶ イスラム教, 仏教, キリスト教

🌐 ブルネイ　医療費や教育費が無料の国

ブルネイはカリマンタン島(ボルネオ島)の北部にある、面積が日本の三重県ほどの小さな国です。気候は熱帯に属し、国土の7割を熱帯林がしめます。国民の約8割が**イスラム教**を信仰しています。

石油や天然ガスが豊富で、それらの輸出によって国の財政は豊かです。そのため、**医療費や教育費が無料**であり、生活水準が高くなっています。石油や天然ガスは日本へも輸出されています。

💬 文化　スルタン・オマール・アリ・サイフディン・モスク(オールドモスク)

ブルネイを代表するモスク(イスラム教の礼拝堂)。ライトアップされた夜の姿が美しい。

▲ライトアップされたオールドモスク

💬 文化　カンポン・アイール(水上集落)

世界最大級の水上集落で、4万人が住むといわれる。病院や学校、モスクなど、さまざまな施設がある。

▲ブルネイの水上集落
水上タクシーを使って移動する。

➕ もっと知りたい　日本とのつながり

東ティモールが2002年に独立した際、国際連合(国連)が独立を支援する機関を立ち上げました。この機関の活動に日本の自衛隊も派遣され、道路や橋の整備などを行いました。

🌐 東ティモール　東南アジアで最も新しい国

東ティモールは、ティモール島の東部にある国です。ポルトガルの植民地支配を受けた後、インドネシア領となりますが、2002年に独立しました。気候は熱帯に属します。

産業の中心は農業で、さとうきび、コーヒー豆、米、とうもろこしなどが生産されています。ティモール海では、**石油や天然ガス**が産出し、それらの輸出が国の経済を支えています。

- 首都 ▶ ディリ　人口 ▶ 132万人
- 面積 ▶ 1.5万km²　人口密度 ▶ 89人/km²
- 主な言語 ▶ テトゥン語, ポルトガル語
- 主な民族 ▶ メラネシア系, マレー系など
- 主な宗教 ▶ キリスト教(カトリック)

東ティモール

東・東南アジアの国々の基本データ

ここで取りあげている国名が正式国名。37ページまでの国ごとの解説では略称で取りあげている。

正式国名	首都名	面積(万km²)(2015年)	人口(万人)(2018年)	人口密度(人/km²)	年平均人口増加率(%)(2010～2018年)	平均寿命(年)(2016年)	貿易額(2017年) 輸出(億ドル)	貿易額(2017年) 輸入(億ドル)
インドネシア共和国	ジャカルタ	191.1	26679.5	140	1.2	69.3	1687.3	1568.9
カンボジア王国	プノンペン	18.1	1624.6	90	1.6	69.4	92.3	144.0
シンガポール共和国	なし（都市国家）	0.07	579.2	8055	1.7	82.9	3732.4	3276.9
タイ王国	バンコク	51.3	6918.3	135	0.4	75.5	2344.1	2250.8
大韓民国	ソウル	10.0	5116.4	510	0.4	82.7	5740.6	4784.9
中華人民共和国	ペキン（北京）	960.0	141504.6	147	0.5	76.4	22803.7	18459.8
朝鮮民主主義人民共和国	ピョンヤン（平壌）	12.1	2561.1	212	0.5	71.9	—	—
日本	東京	37.8	12718.5	341	−0.1	84.2	6981.7	6712.6
東ティモール民主共和国	ディリ	1.5	132.4	89	—	68.6	0.4	4.9
フィリピン共和国	マニラ	30.0	10651.2	355	1.6	69.3	632.3	984.8
ブルネイ・ダルサラーム国	バンダルスリブガワン	0.6	43.4	75	—	76.4	49.1	26.7
ベトナム社会主義共和国	ハノイ	33.1	9649.1	292	1.1	76.3	1766.4	1742.8
マレーシア	クアラルンプール	33.0	3204.2	97	1.6	75.3	2178.3	1951.4
ミャンマー連邦共和国	ネーピードー	67.7	5385.6	80	0.9	66.8	113.6	168.8
モンゴル国	ウランバートル	156.4	312.2	2	1.8	69.8	62.0	43.4
ラオス人民民主共和国	ビエンチャン	23.7	696.1	29	1.4	65.8	23.4	38.6

▲桂林(中国)

▲馬頭琴(モンゴル)

東アジア・東南アジアには中国やインドネシア，日本など人口が多い国が多くある。とくに中国は2018年現在，世界一人口が多い国で，面積も世界で4番目に大きい国だが，将来的にインドが人口世界一になると予測されている。また，東アジア・東南アジアには仏教を信仰している国が多いことも特色の1つである。

1人あたり国民総所得（ドル）(2016年)	主な言語	主な宗教	正式国名
3605	インドネシア語	イスラム教，キリスト教，ヒンドゥー教	インドネシア共和国
1192	カンボジア語（クメール語）	仏教	カンボジア王国
51126	マレー語，英語，中国語，タミル語	仏教，キリスト教，イスラム教	シンガポール共和国
5604	タイ語	仏教	タイ王国
27813	韓国語	キリスト教，仏教	大韓民国
7963	漢語（中国語）	仏教，キリスト教，イスラム教など	中華人民共和国
667	朝鮮語	仏教徒連盟，キリスト教連盟などがあるとされる	朝鮮民主主義人民共和国
39881	日本語	神道，仏教，キリスト教など	日本
1680	テトゥン語，ポルトガル語	キリスト教（カトリック）	東ティモール民主共和国
3552	フィリピノ語（タガログ語），英語	キリスト教（主にカトリック）	フィリピン共和国
28883	マレー語，英語	イスラム教，仏教，キリスト教	ブルネイ・ダルサラーム国
2059	ベトナム語	仏教，キリスト教（カトリック）	ベトナム社会主義共和国
9214	マレー語，英語，中国語，タミル語，	イスラム教，仏教，キリスト教，ヒンドゥー教など	マレーシア
1239	ミャンマー語	仏教	ミャンマー連邦共和国
3437	モンゴル語，カザフ語	仏教（チベット仏教）	モンゴル国
2237	ラオス語，フランス語	仏教	ラオス人民民主共和国

※統計の年は，国によって掲載している年よりも若干古いものもある。
※ここで掲載している主な言語，宗教は外務省のホームページを参考にしている。

（2018/19年版「世界国勢図会」など）

▲シュエダゴン・パゴダ（ミャンマー）

日本から距離的に近いので，旅行などで気軽に行きやすくなっているよ。とくに韓国は福岡から高速船で約3時間で行けるほどなんだ。

監　修	井田仁康（筑波大学　教授）	
表紙イラスト	坂本奈緒	
本文イラスト	坂本奈緒, うえだ未知, 渡辺文也, 瀬野丘太郎, すぎうらあきら	
写真提供	写真そばに記載　それ以外はすべてアフロ	
地図作成	東京カートグラフィック株式会社	
図　版	ゼム・スタジオ, 有限会社 木村図芸社	
参考文献	「新詳高等地図」（帝国書院）, 「図説地理資料　世界の諸地域NOW 2018」（帝国書院）, 「新詳資料　地理の研究」（帝国書院）ほか	
ブックデザイン	星　光信（Xing Design）	
編集協力	佐野秀好, 野口光伸, 有限会社 大悠社, 有限会社 オフィスゼム, 中屋雄太郎, 有限会社 望出版, 小林麻恵, 高野恵子, 有限会社 青山社, 株式会社 ダブル ウィング, 粕谷佳美, 小西奈津子, 八木佳子, 山﨑瑠香	

国別大図解
世界の地理 改訂版
NDC290
第1巻　アジアの国々①（東・東南アジア）
学研プラス　2019　40P　29cm
ISBN 978-4-05-501256-0　C8325

国別大図解

世界の地理 改訂版

第1巻　アジアの国々①（東・東南アジア）

2019年2月19日　初版第1刷発行
2021年2月26日　第4刷発行

発行人	代田雪絵
編集人	松田こずえ
編集長	高橋敏広
編集担当	近藤 想, 小野優美
発行所	株式会社 学研プラス 〒141-8415　東京都品川区西五反田2-11-8
印刷所	図書印刷株式会社
DTP会社	株式会社 明昌堂

この本に関する各種お問い合わせ先
■本の内容については,下記サイトのお問い合わせフォームよりお願いします。
　https://gakken-plus.co.jp/contact/
■在庫については　Tel 03-6431-1197（販売部直通）
■不良品（落丁, 乱丁）については　Tel 0570-000577
【学研業務センター】〒354-0045　埼玉県入間郡三芳町上富279-1
上記以外のお問い合わせは Tel 0570-056-710（学研グループ総合案内）

©Gakken
本書の無断転載, 複製, 複写（コピー）, 翻訳を禁じます。
本書を代行業者等の第三者に依頼してスキャンやデジタル化することは,
たとえ個人や家庭内の利用であっても, 著作権法上, 認められておりません。
学研の書籍・雑誌についての新刊情報・詳細情報は, 下記をご覧ください。
【学研出版サイト】https://hon.gakken.jp/

国別大図解

世界の地理 改訂版

1 アジアの国々①（東・東南アジア）

2 アジアの国々②（南・西・中央アジア）

3 ヨーロッパの国々①（西ヨーロッパ）

4 ヨーロッパの国々②（東ヨーロッパ）

5 南北アメリカの国々

6 アフリカ・オセアニアの国々

7 テーマ別ビジュアル資料集①

8 テーマ別ビジュアル資料集②